AF388809

NOTICES

SUR

M. LE CHEVALIER GEOFFROY-SAINT-HILAIRE,

Membre de l'Institut (Académie royale des sciences); Professeur-Administrateur du Muséum d'histoire naturelle au Jardin du Roi; Professeur de zoologie et de physiologie à la Faculté des sciences; associé libre de l'Académie royale de médecine; de l'Institut d'Égypte; des Académies de Madrid, de Munich, de Gœttingue, de Moscou, de Harlem, de Wetteravie, de Mayence, de Marseille, de Bordeaux, de Boulogne, etc.; Correspondant de la Société d'agriculture de l'arrondissement d'Étampes; Chevalier de la Légion-d'Honneur.

EXTRAITES

DE LA BIOGRAPHIE MÉDICALE

ET

DE LA BIOGRAPHIE NOUVELLE DES CONTEMPORAINS.

PARIS,

IMPRIMERIE DE JULES DIDOT L'AINÉ.

IMPRIMEUR DU ROI.

M DCCC XXIII.

A MESSIEURS LES MEMBRES

COMPOSANT LA SOCIÉTÉ D'AGRICULTURE

DE L'ARRONDISSEMENT D'ÉTAMPES.

MESSIEURS,

Bien jeune encore, et sans aucun titre pour arrêter sur moi votre attention, je m'adresse à votre honorable et utile Société; et si j'ai besoin de me faire pardonner cette liberté, mes excuses sont tout entières dans les motifs suivants que je vous prie d'accueillir.

Mon père combattait à Austerlitz, il y succomba; orphelin dans un âge où je ne pouvais apprécier toute l'étendue de mon malheur, je n'ai cependant pas été tout-à-fait privé des bénédictions paternelles. M. Geoffroy-Saint-Hilaire adopta le fils d'un frère qu'il chérissait tendrement, j'entrai dans son cœur, et fus traité par lui comme son propre fils.

Ah! s'il m'aima de même, je lui portai en retour tous les sentiments et tout l'amour d'un fils pour son père. J'étais heureux de ses succès, glorieux de sa gloire, et j'observais et recueillais avidement l'illustration de cet oncle chéri, d'où rejaillissait tant d'éclat et d'avantages sur sa famille entière.

Cependant, Messieurs, combien ces sentiments, combien ma piété filiale s'exaltèrent, quand j'appris que dans une même semaine (en novembre 1822), deux grands ouvrages, monuments importants de la littérature française, s'étaient accordés à célébrer ce cher objet de ma tendre vénération; en le voyant ainsi honoré pour ses lumières et pour ses vertus, mon cœur palpita de joie, et ces sentiments que je ne pouvais contenir, j'imaginai de les épancher dans le sein de ma famille; je projetai de faire connaître à tous, ce qui devenait pour nous tous aussi honorable; je me décidai enfin à faire une réimpression de ces deux notices.

Mais bientôt, fixé sur cette idée, je lui donnai plus de latitude; persuadé que vous me permettriez de considérer M. Geoffroy comme un des vôtres, comme un membre de votre noble famille, je m'enhardis à vous adresser à vous-mêmes ces notices que j'avais projeté de reproduire. Si mon oncle a bien mérité de la science, s'il est du petit nombre des élus du siècle qui ont perfectionné et agrandi le domaine des connaissances humaines; il ne peut manquer, Messieurs, d'exciter au plus haut degré votre intérêt.

Je ne balançai plus; et en effet, cet illustre savant, dont la réputation est européenne; c'est un de vos compatriotes; c'est aussi l'un de vos correspondants, par l'adoption dont vous l'avez honoré : et il est digne, par la considération et le dévouement qu'il porte à tous ses membres, de la bienveillance de votre Société, qui, à l'instar de ses nobles sœurs, marche au but qu'elle s'est proposé, la gloire et la prospérité de notre belle patrie.

Veuillez, Messieurs, agréer ces deux notices, et m'accorder votre indulgence.

J'ai l'honneur d'être avec respect,

Messieurs.

Votre très humble serviteur,

Louis GEOFFROY-CHATEAU,

Étudiant en Droit.

PREMIÈRE NOTICE.

EXTRAIT

DU DICTIONNAIRE DES SCIENCES MÉDICALES.

BIOGRAPHIE MÉDICALE.

(TOME IV, page 386.)

GEOFFROY SAINT-HILAIRE (ÉTIENNE), membre de la Légion-d'Honneur, professeur au Jardin du Roi, où il fait des cours sur l'histoire des mammifères et oiseaux, est né à Étampes le 15 avril 1772, et non en 1773, comme il est dit par erreur dans le quatrième volume du *Règne animal* de M. Cuvier. Sa famille, qui le destinait à l'état ecclésiastique, le pourvut à douze ans d'un canonicat. Élève du collège de Navarre, où Brisson professait la physique expérimentale, il prit le goût des sciences sous ce maître habile, et s'attacha à l'histoire naturelle, mais d'abord à la minéralogie, par suite de l'avantage qu'il eut, après avoir terminé ses études à Navarre, de rencontrer Haüy au réfectoire du cardinal Lemoine; il reçut de ce minéralogiste célèbre des leçons de cristallographie qu'interrompirent les événements d'août 1792. Haüy fut arrêté comme prêtre et renfermé avec d'autres ecclésiastiques dans le séminaire de Saint-Firmin, limitrophe de sa demeure. M. Geoffroy informa de suite l'Académie des sciences de ce malheur, et réussit à arracher son maître de prison avant les affreuses journées des 2 et 3 septembre. Cependant c'était aussi de ses maîtres au collége de Navarre que se composait la prison de Saint-Firmin : M. Geoffroy résolut de les sauver. L'alarme est répandue dans la matinée du 2, et le tocsin qui se fait entendre exige des mesures promptes. M. Geoffroy se procure les insignes d'un commissaire inspecteur des prisons : il a tout préparé pour l'évasion d'une partie des détenus. Parvenu à ses maîtres, aucun ne veut sortir dans la crainte de rendre plus pesants les fers des prisonniers qui resteraient ; il n'emmène avec lui qu'un prêtre qu'il ne connaissait pas ; mais du moins, dans le cas de plus grandes infortunes qu'il pressent, et qu'ils se refusent à craindre, il leur indique comme pouvant être escaladé facilement un pan de mur limitrophe du cardinal Lemoine et de Saint-Firmin, et leur promet d'être au pied du mur pour favoriser leur évasion. Ces précautions ne furent utiles, dans la nuit du 2 au 3, qu'à douze ecclésiastiques autres que le proviseur et les professeurs de Navarre. Comme M. Geoffroy continuait ses soins au dernier de ces douze prêtres, le jour avait paru, et déja la troupe d'assassins occupait Saint-Firmin ; il en fut avisé par un coup de fusil qui lui fut tiré du jardin, et qui n'atteignit que ses vêtements.

Nous citons ces événements parcequ'ils ont influé sur l'entrée en carrière de M. Geoffroy, et qu'ils expliquent comment il eut des patrons remplis pour lui du zéle le plus ardent, et cela dans un âge où ce n'étaient point ses travaux scientifiques qui les lui avaient procurés. « Je m'adresse à vous, vint « dire Haüy à Daubenton ; en retour des services que je vous « ai rendus, aimez, aidez, adoptez mon jeune libérateur. » Cette adoption eut lieu en effet, et Daubenton s'y complut au point de vouloir son nouvel élève pour collégue à la place qu'occupait alors M. de Lacépède, et dont ce dernier se démit. M. Geoffroy fut nommé sous-garde et démonstrateur du cabinet d'histoire naturelle, le 13 mars 1793. Mais le 10 juin suivant la Convention nationale rendit un décret d'organisation pour le Jardin des Plantes. Les douze naturalistes attachés à cet établissement eurent à démontrer toutes les parties de l'histoire naturelle; et les animaux vertébrés, dont plus tard M. de Lacépéde prit une moitié, devinrent le lot de M. Geoffroy. Comme c'était pour des études de minéralogie qu'il avait été placé précédemment, il voulut ne point accepter ces nouvelles fonctions : Daubenton s'en irrita. « J'ai « sur vous l'autorité d'un père, lui dit-il, et je prends sur « moi la responsabilité de l'événement. Nul n'a encore ensei- « gné à Paris la zoologie ; des jalons existent à peine de loin « en loin pour en faire une science ; tout est à créer, osez « l'entreprendre, et faites que dans vingt ans on puisse dire : « la zoologie est une science, et une science toute française. » Pour calmer le courroux de l'aimable vieillard, M. Geoffroy obéit, et voulant remplir ses engagements avec honneur, il s'associa un naturaliste qui habitait les bords de la mer en Normandie, il l'engagea à se rendre à Paris, lui promettant de le recevoir chez lui et de lui faire ouvrir les maisons des savants, ainsi que les collections du Jardin des Plantes. Son correspondant se fia sur ses promesses, c'était M. Cuvier, alors obscur et inconnu, aujourd'hui le célèbre Cuvier. Si ce n'est entièrement par les travaux, c'est donc au moins par les soins de M. Geoffroy qu'on peut dire présentement, sans crainte de se tromper : La zoologie est une science toute française.

M. Geoffroy fut désigné, en 1798, pour une expédition secrète, et il partit pour l'Égypte. Dans ce voyage, et en vue de Malte, une fausse manœuvre le lança à la mer, d'où il parvint à se tirer sans savoir nager. D'autres dangers l'attendaient en Égypte : on ne pouvait explorer le pays qu'en se tenant sur ses gardes, et toujours armé à cause des Arabes. Un institut des sciences et des arts fut formé au Caire. M. Geoffroy, nommé du noyau, eut l'honneur de contribuer à la création de cet établissement. Il visita l'Égypte entière jusque par-delà les cataractes. Etant sur le terrain de Thèbes, il passa trois semaines enfermé dans les tombeaux de cette ancienne et superbe capitale. Il est faux qu'il se soit occupé d'un essai de naturalisation des crocodiles, comme une caricature, exécutée à bord des vaisseaux de la station anglaise en vue d'Alexandrie, l'a fait croire en Europe. Nous relevons une erreur aussi ridicule, parcequ'elle a été accréditée en Allemagne, où cette caricature a été publiée de nouveau, et que Daudin l'a depuis rappelée dans son histoire des reptiles, comme établissant un fait des habitudes du crocodile. Les Anglais n'eurent d'autres motifs pour agir ainsi que la capture qu'ils firent d'un mémoire que M. Geoffroy envoyait en France, et qui contenait une analyse très soignée du crocodile. La plupart des ouvrages publiés sur l'Égypte ne laissent point ignorer que c'est à sa courageuse résistance, ainsi qu'à celle de Savigny et de M. Delile, que la commission des sciences et des arts dut de conserver ses dessins et ses manuscrits. Un littérateur anglais, M. Hamilton, jaloux de se procurer à peu de frais ces matériaux précieux, avait eu l'indélicatesse de demander au capitaine Hutchinson, après la capitulation de l'armée, les pouvoirs nécessaires pour se les faire délivrer. Le courage de M. Geoffroy, et la menace énergique qu'il fit de dénoncer à l'Europe cette mesure spoliatrice, firent revenir les Anglais à des sentiments de pudeur, et empêchèrent l'accomplissement d'un acte contraire aux lois et aux usages de toutes les nations civilisées.

M. Geoffroy a été nommé membre de l'Institut, classe des sciences, le 14 septembre 1807, et professeur à la Faculté des sciences, le 20 juillet 1809. En 1808, le gouvernement lui confia une mission relative aux sciences et aux arts pour le Portugal. Arrivé à Madrid le 15 avril, il en repartit quelques jours avant le désastre du 2 mai suivant. La nouvelle du combat meurtrier que les Français avaient ce jour-là livré aux Espagnols dans leur capitale, l'atteignit dans sa route. Elle fut donnée la nuit par un courrier extraordinaire, avec invitation de se venger sur tous les voyageurs français. M. Geoffroy et ses trois compagnons, livrés au sommeil dans une hôtellerie, ignoraient qu'on y délibérait de les mettre à mort.

Ils trouvèrent de généreux défenseurs dans des voyageurs portugais auxquels ils avaient fait accueil la veille. Mais le lendemain où aller? Ils se dirigèrent sur Mérida. Cette ville avait été promptement prévenue, et la populace attendait ses victimes. Le gouvernement eut l'humanité d'envoyer une troupe nombreuse et fidèle au-devant des voyageurs français; on les arrête; à leur arrivée à Mérida, il est fait des tentatives pour les arracher des mains des soldats; on les sauve en les plongeant dans les cachots de la prison de la ville; durant huit jours la prison est continuellement assiégée pour en extraire les prisonniers, et pour venger sur eux les scènes de Madrid. Leur délivrance eut lieu enfin par les soins d'un officier supérieur espagnol, auquel M. Geoffroy avait été utile quinze jours auparavant. Cet officier qui venait de Madrid avec de la troupe, le conduisit, ainsi que ses compagnons, à Badajoz, ce qui l'acheminait sur le Portugal.

Mais bientôt le Portugal fut lui-même en feu. M. Geoffroy y put cependant remplir sa mission; il fallut livrer bataille, et notre naturaliste, ce qu'il dut à un mouvement précieux de bienveillance, reçut l'ordre de suivre l'armée; il fit la campagne qui se termina promptement par le combat malheureux de Vimiera. Lorsque les ennemis coalisés nous dépouillèrent en 1815, sans convention spéciale, des collections dont les traités nous avaient rendus possesseurs, on provoqua le ministère français à restituer celle d'Ajuda, près de Lisbonne, et M. de Richelieu prévint le ministre de Portugal qu'il en serait à cet égard comme on témoignait le vouloir. « Nous ne « réclamons ni ne devons rien réclamer, dit le ministre portu- « gais, la chose a été réglée de gré à gré, après la capitulation des « Français qui suivit le combat de Vimiera. Une convention a eu « lieu entre M. Geoffroy et les commissaires français chargés de « l'évacuation, le général Beresford et milord Proby, l'Académie « de Lisbonne et les conservateurs d'Ajuda étant intervenus. « Les commissaires de l'Académie et les conservateurs d'Ajuda « considérèrent que M. Geoffroy s'était refusé à user de l'auto-

« rité qu'il avait obtenue pour choisir des objets uniques, qu'il
« avait seulement demandé des doubles, et que ce qu'il avait
« reçu lui avait été remis en échange d'objets de minéralogie
« rares et inconnus dans le Portugal, qu'il avait apportés de
« Paris, à cause des soins qu'il s'était donnés pour ranger et
« étiqueter la collection laissée à Ajuda, où il était manifeste
« qu'on n'apercevait aucune lacune, les magasins ayant fourni
« à la moisson faite par lui. » On peut lire à cet égard des détails curieux dans l'ouvrage intitulé : *Coup-d'œil sur Lisbonne
et Madrid*, par Ch.-V. d'Hautefort (Paris, 1820, in-8°) (1). Les
chanoines de Saint-Vincent voulurent témoigner leur recon-
naissance à M. Geoffroy en déposant un présent chez un né-

---

(1) Voici textuellement le paragraphe de l'ouvrage de M. d'Hautefort :

La bibliothèque de Notre-Dame de Jésus peut renfermer trente mille volumes,
parmi lesquels on doit remarquer une collection de livres choisis et de manuscrits
anciens. Tout près de la bibliothèque, on voit un cabinet d'histoire naturelle.
Le religieux qui me le montrait, me dit : « On a calomnié les Français ; on a dit
« que M. Geoffroy Saint-Hilaire avait emporté ce que nous avons eu de pré-
« cieux ; eh bien, c'est faux ; car il ne nous a rien enlevé ; et notre supérieur,
« ainsi que nous tous, nous n'avons qu'à nous louer beaucoup de la manière
« honnête dont il nous a traités. »

En allant voir la bibliothèque de Saint-Vincent de Fora, qui appartient à des
chanoines réguliers de Saint-Augustin, j'eus la satisfaction de recueillir un autre
trait non moins honorable pour le célèbre savant dont je viens de parler, qui
avait été envoyé en Portugal par l'empereur, afin d'y régler ce qui concernait
les sciences et les lettres.

Dans les quarante mille volumes que contient la bibliothèque de Saint-Vincent,
on distingue une quantité considérable de précieux manuscrits. M. Geoffroy
Saint-Hilaire, en les examinant, en vantait hautement l'importance. Les chanoines
qui étaient présents, interprétant ses louanges comme l'expression de celui qui
convoite un objet, lui dirent : *qu'il était le maître de prendre ces manuscrits, mais
qu'ils le suppliaient auparavant de leur permettre d'en tirer des copies.* M. Geoffroy
Saint-Hilaire leur répondit : *qu'il était venu, pour organiser les études, et non pour
en enlever les éléments.* Les chanoines, qui ne s'attendaient pas à une pareille
réponse, voulurent lui faire un présent, qui, comme on le pense bien, ne fut
point accepté.

Coup-d'œil sur Lisbonne et Madrid, in-8° publié en 1820, par M. le Chevalier
V. d'Hautefort, pag, 49.

gociant de ses amis, après la capitulation qui avait rendu le Portugal à lui-même, et dans un moment où les Portugais, qui avaient à se plaindre, exerçaient des représailles. Ce présent, comme on le pense bien, ne fut point accepté.

M. Geoffroy a été nommé, en 1815, membre de la chambre des députés, par la ville d'Étampes. Il est l'un des dix associés libres de l'Académie royale de médecine, et membre de plusieurs Académies et Sociétés nationales et étrangères. Ses écrits sont :

« Considérations sur l'aye-aye, mammifère de Madagascar, 1794,
« dans la Décade philosophique des sciences et des arts.

« Sur le rhinocéros bicorne ; sur une nouvelle classification des mam-
« mifères ; sur le didelfis macrotarsus ; classification des singes et his-
« toire des orangs-outangs, 1795 ; dans les tomes I, II et III du Ma-
« gasin encyclopédique ; en commun avec M. Cuvier.

« Sur le genre myamécophage, 1795 ; sur les rapports naturels des
« makis, et description de nouvelles espèces, 1796 ; sur l'oryctérope,
« ou cochon de terre de Kolbe, 1796 ; dissertation sur les animaux à
« bourse, 1796 ; dans les tomes VI, VII, VIII et IX du même recueil.

« Mémoires sur les prolongements frontaux des animaux ruminants,
« 1799 ; dans les Mémoires de la Société d'histoire naturelle de Paris.
« (Paris, an VII, in-4°.)

« Anatomie de l'aile de l'autruche ; anatomie des appendices bordant
« l'organe sexuel des raies mâles, 1800 ; dans la Décade Égyptienne,
« imprimée au Caire.

« Description anatomique du polyptère ; sur l'achire barbu ; sur les
« organes électriques des poissons, la torpille, le gymnote et le silure
« trembleur, 1802 ; sur le crocodile du Nil ; sur une nouvelle espèce de
« crocodile d'Amérique ; sur les bouquetins ; sur une nouvelle espèce de
« belier sauvage ; sur le phascolome, nouveau genre d'animaux à bourse,
« 1803 ; sur les espèces du genre dasyure, 1804 ; sur de nouvelles espèces
« d'animaux à bourse, nommés péramèles ; sur le jaguar ; sur le paca ;
« sur le vautour royal, dans son premier âge ; sur des chiens mulets,
« 1804 ; sur un nouveau genre de mammifères, nommé hydromis ; sur
« un genre de chauve-souris d'Amérique, nommé molossus, 1805 ; sur
« un mulet provenant du canard morillon et de la sarcelle de la Caro
« line ; sur les habitudes de la plus grande chauve-souris, la roussette

« de l'île de France ; sur le canard à bec courbe ; sur le zèbre ; sur les
« atèles, ou singes à main imparfaite ; sur des espèces de chauve-souris
« formant le genre des vespertilions, 1806 ; sur un mulet d'âne et de
« zèbre ; sur l'ostéologie comparée des membres antérieurs des poissons ;
« sur les habitudes attribuées par Hérodote aux crocodiles du Nil ; sur
« l'os furculaire des poissons ; sur l'affection mutuelle de quelques ani-
« maux, et particulièrement sur les services rendus par le pilote au re-
« quin ; description de deux crocodiles du Nil ; du sternum des poissons ;
« détermination des pièces du crâne des crocodiles ; sur les os de la tête
« des oiseaux ; sur le sac branchial des baudroies, 1807 ; sur le voyage
« de l'auteur en Portugal, 1808 ; sur deux nouvelles espèces d'atèles ;
« sur un nouvel oiseau, nommé céphalopterus ; sur l'oiseau nommé
« cariama par Marcgrave ; sur les usages de la vessie aérienne des pois-
« sons ; sur la formation des carapaces, et sur un nouveau genre de tor-
« tues, les tryonix ; sur les espèces de saumon existantes dans le Nil,
« 1809 ; description de deux genres de chauve-souris, les roussettes et
« les céphalotes ; description de deux autres genres de chauve-souris,
« les phyllastomes et les mégadermes ; sur deux nouvelles espèces de
« dasyures, 1810 ; sur les émissoles de Rondelet, galeus lœvis et galeus
« asterias ; sur les loris ; sur les espèces des genres musaraigne et mygale,
« 1811 ; tableau des quadrumanes, leurs caractères génériques et spéci-
« fiques, 1812 ; description d'une famille de chauve-souris, sous le nom
« de nyctères ; description d'une autre famille de chauve-souris, sous
« le nom de rhinolophes, 1813. »

Ces Mémoires sont disséminés dans les vingt volumes de la précieuse
collection intitulée : *Annales du Muséum d'histoire naturelle.*

« Sur les glandes odoriférantes des musaraignes, 1815 ; dans les Mé-
« moires du Muséum d'histoire naturelle.

« Sur un oiseau du Brésil, le tyran roi, 1817 ; même recueil.

« Sur une nouvelle famille de chauve-souris, sous le nom de glosso-
« phages, 1818 ; même recueil.

« Philosophie anatomique. Paris, 1818, in-8°, avec atlas in-4°. »

Ouvrage rempli de vues neuves et d'ingénieux aperçus. L'auteur y
développe, en plusieurs mémoires, sa nouvelle méthode pour détermi-
ner rigoureusement les organes. Cette méthode repose sur quatre prin-
cipes, qui sont, la théorie des analogues, le principe des connexions,
les affinités électives des éléments organiques, et le balancement des
organes. Un second volume est sous presse ; M. Geoffroy se propose
d'y démontrer l'application nette et facile de sa méthode à tous les cas

d'organisation les plus singuliers et les plus difficiles à ramener ; il a recherché, pour cet effet, les monstruosités les plus horribles et les plus désordonnées, et trouvé, la cause étant connue, que l'ordre le plus admirable règne dans ces compositions qui paraissent bizarres à quiconque les envisage superficiellement.

« Sur cette question : Si les animaux à bourse naissent aux tétines de « leur mère, 1819 ; dans le Journal complémentaire du Dictionnaire des « sciences médicales.

« Sur un squelette chez les insectes, dont toutes les pièces sont iden- « tiques entre elles, et sont de plus ramenées à leurs correspondantes « des os du squelette des animaux supérieurs, 1819 ; même recueil.

« Sur quelques régles fondamentales en histoire naturelle, 1820 ; « même recueil.

« Sur une colonne vertébrale et ses côtes dans les insectes apiro- « podes, 1820 ; même recueil.

« Sur les différents états de pesanteur des œufs au commencement « et à la fin de l'incubation, 1820 ; même recueil.

« Sur plusieurs déformations du crâne de l'homme, 1820 ; dans les « Mémoires du Muséum d'histoire naturelle.

« Sur l'os carré des oiseaux, 1820 ; même recueil.

« Sur les organes sexuels et sur les produits de génération des poules « dont on a suspendu la ponte en fermant les oviductus, 1821 ; même « recueil.

« Considérations d'où sont déduites des régles pour l'observation « des monstres et pour leur classification, 1821 ; dans les Annales gé- « nérales des sciences physiques.

« Sur le système dentaire des oiseaux, 1821 ; même recueil.

« Sur les dernières voies du canal alimentaire, dans la classe des oi- « seaux, 1822 ; dans le Bulletin de la Société philomatique.

« Mémoire pour établir que les monotrèmes sont ovipares, et qu'ils « doivent former une cinquième classe dans l'embranchement des ani- « maux vertébrés, 1822 ; » même recueil, auquel M. Geoffroy a fourni beaucoup d'autres articles, dont quelques uns des principaux ont pour objet les animaux de proie, quant à leur classification, les kamichis, les agamis, les manchots, les phénicoptères, l'oiseau Saint-Martin, les hommes porc-épics, les animaux consacrés en Égypte, etc.

M. Geoffroy a rédigé les articles relatifs aux chauve-souris de l'Égypte et aux poissons du Nil, dans la *Description de l'Égypte*; les articles oie d'Égypte, ichneumon, maki mococo, maki brun et galago, dans la *Ménagerie du Muséum d'histoire naturelle*, par MM. Lacépède, Cuvier et Geoffroy; l'article chauve-souris dans le *Dictionnaire des sciences naturelles*, et l'article anencéphale dans le *Dictionnaire classique d'histoire naturelle*.

(A. J.-L. JOURDAN.)

SECONDE NOTICE.

EXTRAIT

DE LA BIOGRAPHIE NOUVELLE DES CONTEMPORAINS.

(TOME VIII, page 67.)

GEOFFROY-SAINT-HILAIRE (ETIENNE), professeur d'his_
toire naturelle au Muséum, et membre de l'Académie des
sciences, un des plus célèbres naturalistes de notre époque,
est né le 15 avril 1772, à Étampes (Seine-et-Oise). Il fit ses
premières études au collége de Navarre, où Brisson enseignait
encore la physique expérimentale. Étant passé de là au collége du cardinal Lemoine, il y devint par hasard le commen-
sal de M. Haüy, et bientôt le disciple et l'ami de ce savant.
Avec un tel maître, le goût que M. Geoffroy avait pris sous
Brisson, pour les sciences naturelles, se développa et dé-
cida de sa vocation. Il eut bientôt l'occasion de prouver à son
professeur toute la chaleur de son dévouement. M. Haüy fut
arrêté comme prêtre, pendant les premiers orages de la ré-
volution, et enfermé avec d'autres ecclésiastiques au séminaire de Saint-Firmin, limitrophe du collége Lemoine.
M. Geoffroy vole aussitôt chez Daubenton, qu'il connaissait
à peine, lui expose la situation affreuse de M. Haüy, et le
conjure les larmes aux yeux de ne pas perdre un seul instant
pour tâcher d'obtenir sa délivrance. Daubenton n'en perd
pas en effet un seul. Et grace à son jeune ami, M. Haüy est
presque en même temps enfermé, réclamé au nom de l'Aca-

démie des sciences, et rendu à la liberté. D'autres professeurs du collége de Navarre gémissaient encore dans la même prison. M. Geoffroy forme aussi le projet de les délivrer. La prison communiquait par une issue secrète avec le collége du cardinal Lemoine; il y pénétra par cette voie, et au péril de ses jours, réussit à sauver plusieurs d'entre eux. Le reste périt dans les affreuses journées des 2 et 3 septembre 1792. Après avoir été joint à Daubenton, en qualité de sous-garde démonstrateur du cabinet d'histoire naturelle, M. Geoffroy, lorsque le Jardin du Roi eut été, en 1793, érigé en école publique, fut nommé professeur de zoologie. « Nul n'a encore « enseigné cette science en France, lui dit Daubenton; il n'y « a que des jalons placés de loin en loin : faites que dans « vingt ans on puisse dire : La zoologie est une science fran- « caise. »

M. Geoffroy commença dès-lors cette magnifique collection d'oiseaux et de quadrupèdes, l'un des plus beaux ornements du Musée, et se livra non seulement lui-même à l'étude des animaux, qui a été l'occupation de toute sa vie, mais excita et favorisa le zéle de tous ceux qui pourraient faire avancer de quelques pas les sciences. Un de ses jeunes amis, dont la fortune ne répondait pas alors au génie, et dont le génie a depuis changé la face de la science, habitait une province reculée. M. Geoffroy l'appela à Paris, lui ouvrit les trésors de ses collections, et l'unit à ses travaux dont il sentit et fit sentir toute la portée. C'était presque s'acquitter envers Daubenton, que de lui ménager un successeur comme M. Cuvier. M. Geoffroy eut le bonheur de faire partie de cette immortelle expédition d'Égypte, où pour la première fois, peut-être, les intérêts des sciences se trouvaient associés aux succès des armes. Il explora en tous les sens cette terre où dorment tant de peuples ensevelis. Il remonta le Nil par-delà les cataractes, exhuma les ossements de Thébes et de Memphis, et revint chargé des dépouilles de tous les âges. La collection dont il enrichit le Musée contenait en effet des animaux de tous les siècles. Ses dissertations savantes, insérées dans les *Annales du Muséum* et dans le *Grand ouvrage d'É-gypte*, répandent des clartés nouvelles, non seulement sur l'histoire naturelle de ce pays, mais encore sur son histoire civile, et même sur sa théogonie. Car en faire connaître les animaux c'était presque en faire connaître les dieux. Un des fondateurs de l'Institut d'Égypte, il fut bientôt nommé membre de l'Institut de France, et en 1809, professeur à la Faculté des sciences. Il avait été chargé par le gouvernement, l'année précédente, de se rendre en Portugal pour y organiser les études, et disposer des bibliothèques. Il y apporta une infinité d'objets du Muséum de Paris, qu'il savait manquer à celui de Lisbonne, et ce ne fut qu'à titre d'échange, et de gré à gré, qu'il reçut ces brillantes productions du Brésil, dont regorgaient les Musées de Lisbonne, et qui manquaient aux nôtres. Il en usa de même avec les bibliothèques, et dit « qu'il « était venu organiser les études, et non en enlever les élé-« ments. » Outre ses grands travaux sur les animaux d'Égypte, que nous avons déja cités, les *Annales du Muséum* sont pleines de dissertations zoologiques, non moins savantes que curieuses, à la tête desquelles on peut citer comme modèle du genre, les monographies des chauve-souris, des animaux à bourse et des poissons électriques. On peut dire aujourd'hui, grâce à ses travaux et à ceux des Daubenton et des Cuvier, que la zoologie est une science française. M. Geoffroy a publié en 1818, *Philosophie anatomique*, ouvrage profond dans lequel l'auteur remontant à l'origine de l'organisation, la suit dans tous ses degrés, la décompose dans tous ses détails, et amène insensiblement cette idée fondamentale « que l'orga-« nisation des animaux est soumise à un plan général, mo-« difié seulement dans quelques points pour différencier les « espèces. » En 1815, M. Geoffroy fut élu membre de la chambre des représentants; mais le genre de ses travaux habituels l'ayant toujours tenu éloigné des discussions politiques, il ne parut prendre aucune part bien active aux délibérations de cette assemblée, et ne se fit point entendre à la tribune. Il est l'un des associés libres de l'Académie royale de médecine, et membre correspondant de la plupart des sociétés savantes de l'Europe.